CON GRIN SU CONOCIMIENTOS VALEN MAS

AF150776

- Publicamos su trabajo académico, tesis y tesina

- Su propio eBook y libro - en todos los comercios importantes del mundo

- Cada venta le sale rentable

Ahora suba en www.GRIN.com y publique gratis

Thomas Sebastian Jensen

Ponencia sobre Miguel Delibes "Los santos inocentes"

Curso: Clásicos y novísimos castellanos

GRIN Verlag

Bibliografische Information der Deutschen Nationalbibliothek:

Die Deutsche Bibliothek verzeichnet diese Publikation in der Deutschen National-
bibliografie; detaillierte bibliografische Daten sind im Internet über http://dnb.d-
nb.de/ abrufbar.

Imprint:

Copyright © 2008 GRIN Verlag GmbH
Druck und Bindung: Books on Demand GmbH, Norderstedt Germany
ISBN: 978-3-640-41013-2

This book at GRIN:

http://www.grin.com/es/e-book/123747/ponencia-sobre-miguel-delibes-los-santos-
inocentes

GRIN - Your knowledge has value

Der GRIN Verlag publiziert seit 1998 wissenschaftliche Arbeiten von Studenten, Hochschullehrern und anderen Akademikern als eBook und gedrucktes Buch. Die Verlagswebsite www.grin.com ist die ideale Plattform zur Veröffentlichung von Hausarbeiten, Abschlussarbeiten, wissenschaftlichen Aufsätzen, Dissertationen und Fachbüchern.

Visit us on the internet:

http://www.grin.com/

http://www.facebook.com/grincom

http://www.twitter.com/grin_com

Christian-Albrechts-Universität zu Kiel

Romanisches Seminar

Los santos inocentes de Miguel Delibes

Curso: Clásicos y novísimos castellanos.

Sesenta años de narrativa castellano-leonesa.

Sommersemester 2008

Thomas Sebastian Jensen

CONTENIDO

En este texto corto voy a presentar el libro "Los santos inocentes" del autor Miguel Delibes.

Sobre el autor

Miguel Delibes nació en Valladolid en 1920. Se dio a conocer como novelista con *La sombra del ciprés es alargada*, Premio Nadal 1947. Su extensa obra literaria le ha valido numerosos galardones, entre ellos el Nacional de Literatura (1960), el de la Crítica (1962), el Premio Nacional de las Letras (1991), el Premio Cervantes de Literatura (1993). En 1973 fue elegido miembro de la Real Academia. Entre sus últimas obras publicadas podemos citar *Señora de rojo sobre fondo gris*, *El último coto*, *Diario de un jubilado*, *He dicho*, *Castilla como problema* y *El hereje* (Premio Nacional de Narrativa 1999), una novela que ha obtenido un clamoroso éxito de crítica y público. Por eso se convirtió en una reconocida figura dentro de la literatura española en los últimos sesenta años.

El libro "Los santos inocentes" fue publicado en 1981 por primera vez y fue llevado a la gran pantalla en 1984. Delibes es un gran aficionado a la caza, lo cual se refleja claramente en este libro, ya que la caza de aves es descrita de forma detallada.

Sobre el libro

En una hacienda campestre en Extremadura cerca de la frontera portuguesa-española, vivía hace unos 50 años una familia de trabajadores agrícolas en condiciones cercanas a la servidumbre, mientras los propietarios de la misma sólo acudían a ella para ocasiones especiales.

Espacio temporal

El año exacto no es mencionado en el libro, pero hay algunos indicios temporales:

- transcurre durante la época de Franco (1939 – 1975)
- el medio de pago son los duros y pesetas (1869 – 2001), el "duro" es la moneda con un valor de 5 pesetas.
- se conducen autos Land Rover, los cuales existen desde 1948

Contenido de los seis libros

Libro primero – Azarías. El primer libro describe la vida diaria del siervo Azarías, quien padece cierta sordera, y su amor por una bella milana, que termina con la muerte y el funeral del ave.

Libro segundo – Paco, el Bajo. Después de cinco años, el asistente de caza Paco y su familia tienen que trasladarse a una finca. Se retrata el contraste entre ambos grupos, al describir la situación de los hacendados ricos, de un lado; y del otro lado, la de los empleados, *a quienes no se les permite celebrar la misa, y deben siempre servir a sus patrones.*

Libro tercero – La milana. Azarías es despedido por su edad y retorna a la hacienda de su hermana Regúla. A causa de sus muchas peculiaridades, Azarías resulta una carga, hasta que tiene la posibilidad de criar una grajilla joven. Al principio parece que el ave quisiera volar hacia la libertad, sin embargo regresa hacia Azarías.

Libro cuarto – El ayudante de caza. Se describe el gran talento de Paco para la caza. Él ya le había enseñado el arte de la caza al señorito Iván cuando éste era un niño. Después de una jornada de caza con unos huéspedes, surge una disputa entre el hacendado rico y un invitado francés sobre el nivel de educación del personal. El hacendado conduce a Paco, Regúla y otros hasta el lugar y les ordena escribir sus nombres para demonstrar su nivel de educación. La marquesa y su hija Miriam se encuentran con Azarías después de una excursión. Azarías le habla a Miriam y muestra simpatía por ella, al mostrarle a la grajilla y a Chica.

Libro quinto – El accidente. Conforme pasa el tiempo, los preparativos para la caza (escalada en árboles) le resultan cada vez más difíciles a Paco. Durante una caza ocurre entonces un accidente. Paco cae de un árbol y se rompe una pierna. Quirce, que es el hijo de Paco, lo sustituye en sus labores durante la caza. A pesar de que Quirce realiza un buen trabajo, el señorito Iván dispara de forma errada, y además le desagrada que Quirce sea parco y callado. Por todo ello, obliga a Paco a ayudarlo en la caza aún teniendo la pierna enyesada. Paco cae nuevamente de un árbol, y al final de la competición le faltan cinco aves al señorito Iván para resultar ganador. Por la noche, él coquetea un poco con Nieves. Más tarde Nieves observa cómo el señorito Iván y la esposa del gerente se besan.

Libro sexto – El crimen. Purita, la esposa del gerente de la finca, desaparece. Después de una semana, el señorito Iván regresa. Dado que Paco todavía no puede trabajar, el señorito Iván va a la caza llevando a Azarías como ayudante. No aparece ninguna paloma, sin embargo, y por esta razón el señorito Iván se irrita cada vez más. Cuando Azarías llama por su grajilla, el señorito Iván le dispara al ave y la mata. Al día siguiente los dos van otra vez de caza. Azarías actúa con cierta indiferencia, pero en un momento dado, trepa a un árbol y lanza una cuerda alrededor del cuello del señorito Iván, ahorcándolo. Éste muere y Azarías ríe mientras repite las palabras "milana bonita".

Interpretación

El dueño de la hacienda y su familia reinan cual señores feudales sobre el personal de la casa y los trabajadores agrícolas. Ignoran las necesidades y sentimientos de sus servidores, hasta que ocurre un contragolpe que, a pesar de su crueldad, sólo puede ser considerado como justo, porque se percibe la muerte como un merecido castigo debido al comportamiento del señorito Iván, y se da una fuerte identificación con los sentimientos de Azarías y su destino. Tenemos aquí dos mundos que, aunque estrechamente vinculados, se oponen uno al otro. E incluso cuando el narrador simplemente describe los acontecimientos sin tomar alguna posición, queda muy claro de qué lado está.

Se podría acusar al libro de ser polémico. Por otro lado, el tema *del Patrón* y *de los Servidores* ha sido importante en todos los períodos de la historia y hasta el día de hoy sigue siendo actual en la realidad cotidiana de muchos países, aunque el sistema social y económico haya cambiado.

Otro aspecto interesante es la milana bonita. En esta novela, dicha ave simboliza la sed de libertad y justicia. Azarías admira la milana bonita y se ocupa de ella. Las aves simbolizan la libertad, y la simpatía de Azarías hacia los pájaros muestra que él también quiere "vivir" libremente. La libertad y la justicia tienen que triunfar sobre la opresión y la dependencia.

El narrador

El narrador de la novela está en tercera persona. Narra y describe sin tener participación alguna en la historia. Conoce durante toda la acción los sentimientos, pensamientos e intenciones de los personajes.

La lengua

Todas las cualidades de Azarías y de los demás personajes son descritas por medio de adjetivos y adverbios: gruñón, rumiante y con los pies descalzos. Para explicar el estilo del autor, presento aquí un pequeño fragmento del texto:

> A su hermana, la Régula, le contrariaba la actitud del Azarías, y le regañaba y él, entonces, regresaba a la Jara, donde el señorito, que a su hermana, la Régula, le contrariaba la actitud del Azarías porque ella aspiraba a que los muchachos se ilustrasen, cosa que a su hermano, se le antojaba un error, que,
> luego no te sirven ni para finos ni para bastos,
> pontificaba con su tono de voz brumoso, levemente nasal,
> y, por contra, en la Jara, donde el señorito, nadie se preocupaba de si éste o el otro sabían leer o escribir, de si eran letrados o iletrados, o de si el Azarías vagaba de un lado a otro, los remendados pantalones de pana por las corvas, la bragueta sin botones, rutando y con los pies descalzos e, incluso, si, repentinamente, marchaba donde su hermana y el señorito preguntaba por él y le respondían,[1]

---

1 Delibes, Miguel: *Los santos inocentes*. Editorial Planeta, 2007 (p. 9)

Si se lee este fragmento de la novela, no solamente llaman la atención los adjetivos y adverbios, por ejemplo: *brumoso*, *nasal*, etc., sino también el que Delibes opte por frases interminables para su novela. Diálogos breves, enumeraciones y preguntas están todos mutuamente conectados.

El personaje.

Ahora quisiera explicar la peculiaridad de la novela por medio un personaje.

Azarías es un anti-héroe con deficiencias mentales, es un hombre tonto y simple, que orina todo el tiempo sobre sus propias manos para así poder desinfectarlas, adora las aves y no se entiende con otras personas.

Él es descrito como un pobre inocente (adjetivo que hace referencia al título), que trabaja para el señorito de la Jara haciendo tareas de muy poca importancia.

Entre el grupo de personas que lo tratan de forma despectiva, se encuentran su sobrino Quirce, el señorito Iván y la señorita Marquesa.

La señorita Miriam, la hija del hacendado, es muy amable con Azarías y le conversa.

El resto de las personas de la familia, cómo Régula, Paco, Nieves y Rogelio le aceptan. Obviamente se enfadan con él, debido a sus desagradables peculiaridades, pero lo siguen tratando como a una persona.

A continuación, presento un esquema de los personajes en la novela:

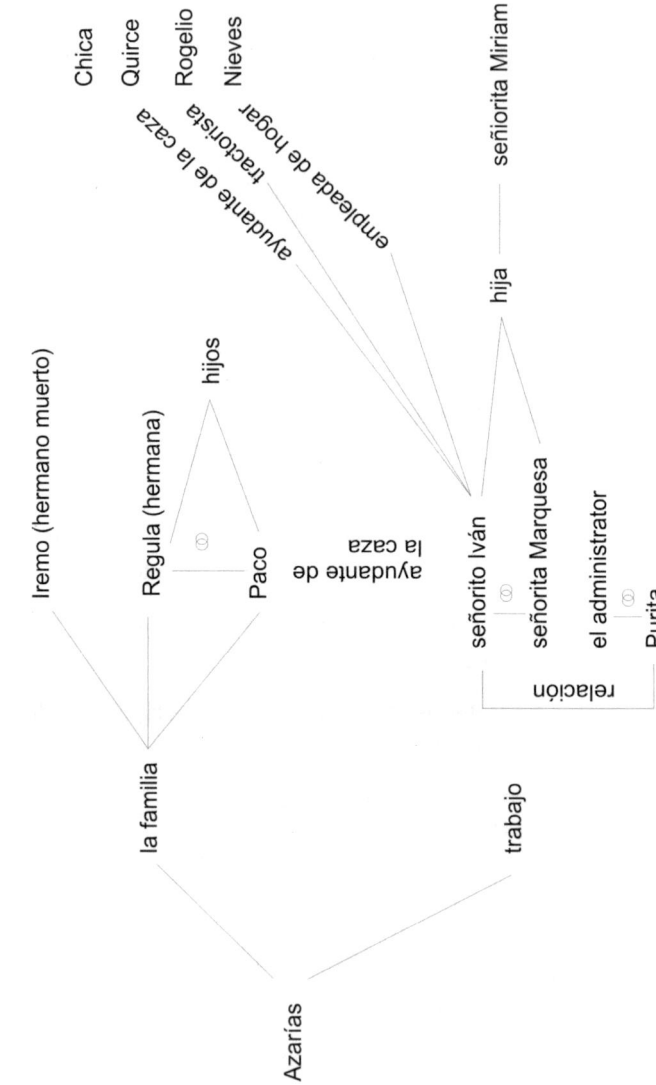

Chica
Quirce
Rogelio
Nieves

ayudante de la caza
tractorista
empleada de hogar

señorita Miriam

Iremo (hermano muerto)

hijos

Regula (hermana)

hija

Paco

∞

ayudante de
la caza

señorito Iván

señorita Marquesa

∞

el administrator

Purita

∞

la familia

relación

trabajo

Azarias

La relación entre el título y el contenido

Ahora procederé a responder a la pregunta sobre cómo el título de la novela está en relación con el contenido, es decir con la historia y los personajes.

Desde la Edad Media, una persona inocente era un hombre que hacía reír a los demás por medio de bromas y chistes, se encargaba de entretenerles y divertirles, y llevaba ropas llamativas. También se consideraba "inocente" a una persona muy inmadura, tonta, torpe, llena de prejuicios e ignorante. Esas personas se jactaban de sí mismas debido precisamente a su ignorancia, pues no podían distinguir sus errores debido a su profunda falta de conocimientos, y se consideraban a sí mismas hábiles y sabias.

En esta novela, Azarías es el prototipo del santo inocente. Él encarna dos propiedades contrarias. De un lado, provoca desprecio y rechazo, y del otro, genera en el lector mucha comprensión y una identificación positiva. Él es un irreverente, que se subleva contra el señorito Iván. El señorito Iván, a su vez, se burla mucho de Azarías. El personaje de Azarías reprocha el rol de los inocentes en la sociedad moderna con respecto a las preguntas sociales.

Si se traduce inocente a "unschuldig" (sin culpa), Chica también sería una santa inocente. Ella es una niña ingenua y simple. Su alma es pura. Asimismo, no se somete a las normas que la sociedad pretende imponerle.

Mi opinión personal

Pasemos ahora a mi opinión personal. La novela consta de seis libros individuales. Delibes no les llama capítulos. Tuve que leer el primer libro dos veces, porque la primera vez no había entendido cuál era el mensaje central. Después de leer el segundo libro, me dí cuenta de que cada libro es un solo episodio, cuyo tronco común es la vida en el campo. En el tercer libro se puede apreciar claramente los vínculos. Delibes construye una gran expectativa. Resulta difícil dejar el libro, porque da ganas de saber cómo continúa la historia. No sólo deja al lector sumamente intrigado, sino igualmente indignado respecto de la relación desigual existente entre los patrones y los empleados. ¿Cómo es posible que la gente pueda tratar a sus empleados de esa manera? Los hacendados tratan a las demás personas como si fueran sus esclavos, en una época en que la condición de siervo había sido abolida hacía ya algunos cientos de años.

El argumento, similar a una parábola, los diálogos cortos, el lenguaje lacónico del narrador que no se involucra en los hechos, las emocionantes escenas en las que se evoca un parentesco primitivo entre hombres y animales, la indignación que provocan las desigualdades e injusticias descritas en la relación *terrateniente – empleado*, hacen de este libro una obra maestra. En pocas palabras, puedo decir que el libro es absolutamente digno de leer.

Texto

- Delibes, M.: Los santos inocentes. Barcelona [5]2007

Apéndice

sin ton ni son y, así que llegaba a la casa. el Azarías colgaba la percha de la gruesa viga del zaguán y, tan pronto anochecía, acuclillado en los guijos del patio, a la blanca luz del aladino, desplumaba un ratonero y se llegaba con él a la ventana del tabuco, y

uuuuuh,

hacía,

ahuecando la voz, buscando el registro más tenebroso, y, al minuto, el búho se alzaba hasta la reja sin meter bulla, en un revuelo pausado y blando, como de algodón, y hacía a su vez,

uuuuuh,

como un eco del *uuuuuh* de Azarías, un eco de ultratumba, y, acto seguido, prendía la ratera con sus enormes garras y la devoraba silenciosamente en un santiamén y el Azarías le miraba comer con su sonrisa babeante y musitaba,

milana bonita, milana bonita,

y, una vez que el Gran Duque concluía su festín, el Azarías se encaminaba al cobertizo, donde las amigas del señorito y los amigos de la señorita estacionaban sus coches, y, pacientemente, iba desenroscando los tapones de las válvulas de las ruedas, mediante torpes movimientos de dedos y, al terminar, los juntaba con los que guardaba en la caja de zapatos, en

14

la cuadra, se sentaba en el suelo y se ponía a contarlos,

uno, dos, tres, cuatro, cinco...

y al llegar a once, decía invariablemente,

cuarenta y tres, cuarenta y cuatro, cuarenta y cinco...,

luego salía al corral, ya oscurecido, y, en un rincón se orinaba las manos para que no se le agrietasen y abanicaba un rato el aire para que se orearan y así un día y otro día, un mes y otro mes, un año y otro año, toda una vida, pero a pesar de este régimen metódico, algunas amanecidas, el Azarías se despertaba flojo y como desfibrado, como si durante la noche alguien le hubiera sacado el esqueleto, y esos días, no rascaba los aseladeros, ni disponía la comida para los perros, ni aseaba el tabuco del búho, sino que salía al campo y se acostaba a la abrigada de los zahúrdones o entre la torvisca y, si acaso picaba el sol, pues a la sombra del madroño, y cuando Dacio le preguntaba,

¿qué es lo que te pasa a ti, Azarías?

él,

ando con la perezosa, que yo digo,

y, de esta forma, dejaba pasar las horas muertas, y si el señorito se tropezaba con él y le preguntaba,

¿qué te ocurre, hombre de Dios?,

Azarías la misma,

15